Inhalt

Die Info-Falle - Zu viele Informationen können krank machen oder zur Sucht führen

Kernthesen

Beitrag

Fallbeispiele

Weiterführende Literatur

Impressum

Die Info-Falle - Zu viele Informationen können krank machen oder zur Sucht führen

Harald Reil

Kernthesen

- Der Info-Overkill ist besorgniserregend: Einige der Folgen sind Nervosität, Schlafstörungen und Entscheidungsunlust.
- Wissenschaftler warnen aber auch vor dem Suchtpotenzial des ununterbrochenen Info-Bombardements.
- Erste Unternehmen reagieren. Die Deutsche Telekom verhängte ein Smartphone-Verbot für ihre Mitarbeiter außerhalb der üblichen Arbeitszeiten und an Wochenenden.
- Wege aus der Info-Falle sind ein

institutionalisiertes Gesundheitsmanagement und die Erkenntnis, dass Auszeiten auch die Kreativität erhöhen können.

Beitrag

Wissen ist Macht, formulierte vor rund einem halben Jahrtausend der englische Philosoph Francis Bacon. Wer dem Fortschritt dienen wolle, müsse die Natur beherrschen und daher zuallererst mit wissenschaftlicher Methodik vertraut sein. 500 Jahre später scheint es, als ob zu viel Wissenwollen zur Ohnmacht führen oder - schlimmer noch - sogar krank machen kann. In einer Zeit, in der sich das Wissen der Welt in immer kürzeren Abständen verdoppelt, steht der Einzelne oft hilflos vor der Informationsflut, die ihn täglich überschwemmt. Bereits 1990 warnte der amerikanische Kommunikationswissenschaftler Neil Postman in einem Vortrag vor der Deutschen Gesellschaft für Informatik vor einem Informationsoverkill. Der bezeichnende Titel des Referats: "Informing Ourselves to Death". Ein paar Jahre später führte der Neurologe David Lewis, Direktor des Mindlabs an der britischen Universität Sussex, eine Untersuchung zum selben Thema durch. Seine Erkenntnis: Menschen, die ständig mit zu vielen Informationen bombardiert werden, erkranken am Information-Fatigue-Syndrom (Informations-Ermüdungs-Syndrom). Die Folgen sind nervöse Zustände, Schlafprobleme und Schwierigkeiten, Entscheidungen zu fällen. Der Informationsoverkill kann aber auch zu einem anderen Phänomen führen - zur Sucht. (1), (2)

Gewaltiger Datenstrom schwillt immer weiter an

Wie gewaltig der globale Infostrom tatsächlich ist, zeigt eine Studie der US-Firma Radicati Group, ein Unternehmen, das sich auf die Erforschung der neuen Kommunikationstechnologien spezialisiert hat. Die Forscher vermuten, dass sich die Zahl der versendeten E-Mails von heute rund 247 Milliarden bereits im Jahr 2013 mehr als verdoppeln wird. Cisco hat herausgefunden, dass sich der weltweite Datenverkehr allein auf mobilen Netzen im Jahr 2010 im Vergleich mit dem gesamten Datenverkehr des Internets des Jahres 2000 verdreifacht hat. In drei Jahren, also im Jahr 2015, wird er laut Cisco sogar 26 Mal so hoch sein wie zum Zeitpunkt des Referenzwertes aus dem Jahr 2000. (4)

Arbeitnehmer leiden unter E-Mail-

Flut

Marktforscher von GigaOM Pro, einem amerikanischen Unternehmen mit Sitz in San Francisco, haben anlässlich einer Studie, die sie im März 2011 unter dem Titel "The Future of Workplaces" veröffentlicht haben, 1 000 Arbeitnehmer unter anderem auch zu ihrem Umgang mit Informationen befragt. Zwei wesentliche Ergebnisse der Studie: Mehr als 40 Prozent der Studienteilnehmer gaben zu Protokoll, dass sie unter der Vielzahl der Informationen, die täglich auf sie einprasselten, zu leiden hätten. Über ein Drittel meinte, dass ihnen die zahlreichen E-Mails am meisten zu schaffen machten. (1)

Smartphones als Gehirnerweiterung

Retrevo, ein Unternehmen, das Verbraucher rund um elektronische Geräte aller Art berät, hat im Jahr 2010 eine Studie über Social-Media-User vorgelegt. Dazu befragte es 1 000 männliche und weibliche Nutzer quer durch alle Berufs-, Alters- und Einkommensschichten. Die wesentlichen Ergebnisse: Über 50 Prozent der Teilnehmer an der Studie sagten, dass sie sich sogar nachts, bereits im Bett liegend, in soziale Netzwerke einloggten. 32 Prozent rufen ihre Mails während der Mahlzeiten ab; sieben Prozent gaben sogar an, dass sie während intimer Stunden ihre Finger nicht von ihren Mails lassen könnten. Angesichts dieses Verhaltens ist nicht verwunderlich, dass diese Menschen auch während der Arbeitszeit ständig und überall informiert sein wollen - ein deutliches Anzeichen von Sucht. Die Anthropologin Tanya Luhrmann, die an der Stanford Universität arbeitet, hat eine ähnliche Abhängigkeit von Smartphone-Nutzern von ihren Handys festgestellt. Ihre Schlussfolgerung: Viele User würden sich so sehr mit ihren Geräten identifizieren, dass sie sie mittlerweile als Erweiterung ihrer Gehirne betrachteten. (1)

Deutsche Telekom verhängt Nutzungsverbot für Smartphones

Diese Ergebnisse sind zweifellos besorgniserregend. Infolgedessen stellt sich auch die Frage, auf welche Weise sich Arbeitnehmer vor dem kontinuierlichen Informationsbombardement abschirmen, oder - falls sie schon zu Informationsjunkies geworden sind - wie sie sich vor sich selbst schützen können. Die Deutsche Telekom hat als einer der ersten Konzerne dafür ein ziemlich drastisches Mittel eingeführt. Sie hat ihren Mitarbeitern verboten, ihre Smartphones außerhalb der Bürozeiten sowie am Wochenende für berufliche Angelegenheiten zu nutzen. Hintergrund der Maßnahme, die vom Personalvorstand des Unternehmens, Thomas Sattelberger, initiiert wurde, waren Ereignisse bei der France Télécom, die die ganze Welt aufhorchen ließen. Seit Mitte des Jahres 2008 haben sich 60 Beschäftigte des Unternehmens selbst getötet. In ihren Abschiedsbriefen notierten viele von ihnen, dass sie die Atmosphäre im Job - eine Mischung aus Furcht und Stress - nicht mehr aushielten, die Firmenspitze gegen die untragbaren Zustände aber nichts unternehmen würde. Die Deutsche Telekom ist mit ihrer Maßnahme zwar auf dem richtigen Weg, gelebte Wirklichkeit scheint das Smartphone-Verbot aber noch nicht zu sein. (3)

Trends

Drastische Zunahme von psychischen Erkrankungen

Die Zahl der psychischen Erkrankungen hat während der letzten drei Jahrzehnte drastisch zugenommen. Zählten die gesetzlichen Krankenkassen im Jahr 1978 pro 100 Versicherter noch 57 Arbeitsunfähigkeitstage, ist diese Zahl 2009 auf 168 gestiegen. Unter anderem wurden dafür die immer komplexer werdende Arbeitswelt, die ständige Erreichbarkeit sowie die Unfähigkeit der Arbeitnehmer, die Vielzahl der Informationen zu verarbeiten, verantwortlich gemacht. (6)

Firmen müssen Gesundheitsmanagement institutionalisieren

Da die Arbeitskraft der Mitarbeiter die Grundlage für den Erfolg eines jeden Unternehmens ist, werden diese in Zukunft alles daran setzen müssen, diese auch zu erhalten. Firmen werden daher nicht umhinkommen, vermehrt ein Gesundheitsmanagement zu institutionalisieren. Dies allein aber genügt nicht. Es muss auch ein wirkliches Umdenken stattfinden. Vor allem die Entscheidungsträger sollten dabei mit gutem Beispiel vorangehen und auch einmal einen Gang zurückschalten. Noch aber ist es nicht so weit. Es gilt nach wie vor das absolute Leistungsprinzip. (4)

Fallbeispiele

"Nomophobia" und "Urbeit"

Auch sprachlich hat das Phänomen der globalen Informationsflut schon Spuren hinterlassen. In England spricht man von "Nomophobia" (No Mobile Phone Phobia) oder die Angst davor, nicht angerufen zu werden. In Deutschland haben Trendforscher den Begriff "Urbeit" geprägt - ein Zwitterwesen aus Urlaub und Arbeit. (4)

Schweizer Pilotprojekt untersucht den ROI von Vorsorgemaßnahmen

Wie Deutschland und alle anderen Industrienationen kämpft natürlich auch die Schweiz mit dem globalen Informations-Overkill. Viele eidgenössische Firmen haben aber zumindest bereits eingesehen, dass sie sich die Folgen auf Dauer nicht mehr leisten können. Konzerne wie ABB, Nestlé und Alstom haben daher an einem Pilotprojekt teilgenommen, das die Wirkung von gezielter Vorsorge untersucht hat. Bei rund 25 Prozent der Studienteilnehmer ließen sich tatsächlich positive Auswirkungen auf die Gesundheit sowie bessere Arbeitsergebnisse feststellen. Auch unter einem ökonomischem Blickwinkel betrachtet, kann sich das Resultat sehen lassen: Berechnungen haben ergeben, dass sich Investitionen in die

Gesundheitsvorsorge bereits nach fünf Jahren rechnen würden. Die Gesundheitsförderung Schweiz, die das Projekt organisiert hat, hat auf ihrer Website zudem ein sogenanntes Stressbarometer installiert. Daran haben bereits rund 400 Schweizer Firmen Interesse gezeigt. (4)

Ärzte raten zu gezielten Auszeiten

Fachleute wie Götz Mundie, Ärztlicher Geschäftsführer der Oberbergkliniken, die sich auf die Behandlung von Burn-Out- und Suchterkrankungen sowie Depressionen spezialisiert haben, raten angesichts der zunehmenden Ausfälle von Arbeitnehmern zu gezielten Auszeiten, auch wenn es noch so schwer fällt. Dieses bewusste Nichtstun kann sogar zu einem Phänomen führen, das der amerikanische Soziologe Robert K. Merton vor rund einem halben Jahrhundert Serendipity-Prinzip getauft hat - salopp wohl am besten mit Geistesblitz zu übersetzen. Der griechische Physiker und Mathematiker Archimedes ist wohl der Prototyp für einen Menschen, der von einem Geistesblitz getroffen wurde: Als er sich der Legende nach faul in seiner Badewanne aalte und mit seinem Körper Wasser verdrängte, ging ihm ein Licht auf: Er hatte soeben das Auftriebsprinzip entdeckt. (7)

Hirn-Chip zur besseren Info-Bewältigung

Die Frage, wie sich mit dem Informationsoverkill am besten umgehen lässt, treibt mitunter auch skurrile Blüten. Der Medienphilosoph Peter Weibel ist zum Beispiel der Ansicht, dass ihn der Mensch nur mit Hilfe eines in das Gehirn eingepflanzten Computer-Chips bewältigen kann. Weibel, der das Zentrum für Kunst und Medientechnologie (ZKM) in Karlsruhe leitet, räumt zwar ein, dass diese Vorstellung vielen Menschen Angst bereiten könnte, hält seine These aber für folgerichtig. Wenn der Mensch angesichts der von ihm initiierten Wissensrevolution nicht unter die Räder kommen wolle, müsse er sich ihrer Geschwindigkeit anpassen. (5)

Weiterführende Literatur

(1) Zwischen Überlast und Sucht
aus PERSONALmagazin, Heft 08/2011, S. 40

(2) Informing Ourselves to Death
aus PERSONALmagazin, Heft 08/2011, S. 40

(3) Jetzt mal langsam!
aus Der Spiegel, 25.07.2011, Nr. 30, Seite 58

(4) Du sollst dich sputen

aus Bilanz Nr. 21 vom 18.11.2011 Seite 69

(5) Nur als Terminator kann der Mensch überleben
aus Berliner Morgenpost online, 07.01.2012, 05:08:17

(6) Wenn nichts mehr geht
aus DIE WELT, 03.12.2011, Nr. 49, S. 4

(7) GEISTREICHES NICHTSTUN
aus Zeit Wissen vom 20.09.2011, Nr. 0, S. 66

Impressum

Die Info-Falle - Zu viele Informationen können krank machen oder zur Sucht führen

Bibliografische Information der deutschen Nationalbibliothek

Die Deutsche Nationalbibliothek verzeichnet diese Publikation in der deutschen Nationalbibliografie; detaillierte bibliografische Daten sind im Internet über http://dnb.d-nb.de abrufbar.

ISBN: 978-3-7379-0383-7

© 2015 GBI-Genios Deutsche Wirtschaftsdatenbank GmbH, Freischützstraße 96, 81927 München, www.genios.de

Alle Rechte vorbehalten. Dieses Werk ist einschließlich aller seiner Teile – z.B. Texte, Tabellen und Grafiken - urheberrechtlich geschützt. Jede Verwertung außerhalb der Grenzen des Urheberrechtsgesetzes bedarf der vorherigen Zustimmung des Verlags. Dies gilt insbesondere auch für auszugsweise Nachdrucke, fotomechanische

Vervielfältigungen (Fotokopie/Mikroskopie), Übersetzungen, Auswertungen durch Datenbanken oder ähnliche Einrichtungen und die Einspeicherung und Verarbeitung in elektronischen Systemen.